CW01668109

LA MÉDITATION

Une source de bien-être

Serge Toussaint

Diffusion Rosicrucienne

AVANT-PROPOS

Depuis quelque temps, la méditation est devenue une activité courante en Occident, alors qu'elle fut très longtemps l'apanage de l'Orient. Autrefois, le seul fait de prononcer ce mot renvoyait à l'image classique, pour ne pas dire traditionnelle, d'un moine bouddhiste assis en position du lotus, les yeux clos et l'esprit apparemment ailleurs. Avec l'expansion du bouddhisme dans les pays occidentaux et l'émergence du "new age", nombre de mouvements, de groupes, de cercles, de cours... se sont spécialisés dans l'art de méditer et l'ont, sinon vulgarisé, du moins popularisé. De même, on ne compte plus le nombre de livres écrits sur le sujet, dont certains sont tout simplement fantaisistes.

Si l'intérêt croissant que la méditation suscite désormais en Occident est plutôt une bonne chose, on peut néanmoins s'interroger sur les raisons profondes de cet intérêt, pour ne pas dire de cet engouement. En effet, on constate que nombre de personnes la pratiquent avant tout, voire uniquement, pour se relaxer et neutraliser le stress lié à la vie quotidienne. Vous noterez également qu'elle est désormais au cœur des stages d'entreprises, où l'animateur la présente aux participants comme un moyen de se libérer des tensions générées par le travail, que celui-ci soit d'ailleurs intellectuel ou manuel. Vu sous cet angle, méditer revient pour eux à se détendre à l'aide de méthodes diverses, souvent dans le seul but d'être plus performants dans leur vie sociale et dans leurs activités professionnelles.

Sans vouloir offenser quiconque, il me semble également que la méditation est devenue une mode dans certains milieux "branchés", tout comme le fait de se dire bouddhiste. C'est ainsi qu'il est "sociétalement correct" de méditer, plutôt en groupe qu'individuellement, sous la conduite d'un coach, si possible connu à défaut d'être reconnu. Naturellement, chacun est libre de le faire, d'autant que cela ne nuit à personne et peut même bénéficier à ceux et à celles qui le font. Cela étant, la méditation est une pratique dont l'intérêt et les effets transcendent de beaucoup le galvaudage dont elle est malheureusement l'objet. Il s'agit en fait d'une pratique spirituelle fondée sur cette injonction gravée jadis sur le fronton du temple de Delphes : *«Connais-toi toi-même !»*.

Cet opuscule n'a pas d'autre but que de partager avec vous des réflexions sur la méditation, telle que la conçoivent et l'utilisent les mystiques en général et les Rosicruciens en particulier. En le lisant, j'espère que vous y puiserez des idées qui vous permettront de mieux en comprendre la nature et le but, et d'en faire ainsi une pratique utile à votre épanouissement intérieur.

Dans cet espoir, recevez mes pensées les plus fraternelles.

Serge Toussaint
Grand Maître de l'A.M.O.R.C.

LA MÉDITATION

Au regard de l'enseignement rosicrucien, tout être humain s'exprime à travers quatre plans : le plan physique, le plan mental, le plan émotionnel et le plan spirituel. Aucun de ces quatre plans n'est plus important que les trois autres ; ils sont comme les quatre faces d'une même pyramide. Pour que l'on se sente heureux et équilibré, ils doivent, non seulement bien fonctionner à titre individuel, mais également œuvrer en harmonie les uns avec les autres. Ce même principe s'applique à la méditation, de sorte que pour qu'elle remplisse parfaitement son rôle, elle doit avoir une dimension holistique ; si tel n'est pas le cas, elle ne produit qu'une partie seulement des effets positifs que l'on peut en attendre. Cela rappelle l'importance de l'holisme dans le domaine de la médecine, tant il est vrai que soigner le corps sans tenir compte des autres composantes de notre être, notamment de l'âme, est insuffisant pour obtenir les meilleurs résultats.

De ce qui précède, on peut en déduire qu'il existe en quelque sorte une méditation physique, une méditation mentale, une méditation émotionnelle et une méditation spirituelle. En réalité, ces quatre formes de méditation ne font qu'un dans l'absolu et combinent leurs effets respectifs. Voyons donc brièvement ce qu'il en est :

La méditation physique

Comme son nom l'indique, elle regroupe toutes les pratiques et tous les exercices privilégiant la relaxation du corps physique. En règle générale, elle consiste tout simplement à respirer profondément pendant quelques minutes et à se concentrer sur l'idée de détente, au point de se mettre dans un état de "mollesse". Bien qu'elle soit pratiquée le plus souvent en étant assis, il est préférable de procéder en étant allongé, quitte à s'endormir un bref moment si rien ne s'y oppose.

La méditation mentale

Cette forme de méditation vise à se détendre, non pas physiquement, mais mentalement, étant entendu que l'un n'empêche pas l'autre. À cet effet, le mieux est de commencer par se relaxer sur le plan physique, puis de se concentrer sur des pensées positives et constructives. C'est généralement de cette manière qu'elle est pratiquée par ceux et celles qui s'y adonnent à titre personnel ou sous la conduite d'un coach.

La méditation émotionnelle

Fondée sur le même principe que la méditation mentale, elle consiste, après s'être relaxé physiquement, à visualiser des situations qui font naître en nous de belles émotions, telles que l'amour, l'amitié, la fraternité, la joie, le bien-être... Par voie de conséquence, cela nous conduit à entretenir des pensées positives et à nous régénérer mentalement, car il existe une interaction permanente entre les plans mental et émotionnel.

La méditation spirituelle

S'il est un fait que la relaxation, la concentration et la visualisation sont des pratiques intéressantes et utiles en soi, elles ne sont que des étapes dans le processus à suivre pour méditer correctement. Cela veut dire que la méditation va bien au-delà du simple fait de se relaxer physiquement, de se concentrer sur des pensées positives, et de visualiser des situations qui font naître en nous de belles émotions. Dans son aspect holistique, elle a pour but de transcender les plans physique, mental et émotionnel, au point d'avoir le sentiment d'être une âme à l'état pur, libérée des contingences matérielles, mais également des contraintes que nous imposent le temps et l'espace.

Indépendamment de la méthode suivie, la plupart des personnes qui méditent, notamment celles qui le font en groupe, se limitent à faire ce que j'ai rappelé brièvement à propos de la méditation physique, de la méditation mentale et de la méditation émotionnelle. Or, bien que ce soit utile, cela ne constitue qu'une approche de la méditation, au sens le plus mystique du terme. En effet, cette pratique ne vise pas uniquement à produire un état physique et psychologique agréable sur le moment ; elle a également et même surtout pour but d'induire un état intérieur transcendantal. Autrement dit, elle a une vocation fondamentalement spirituelle.

Comme vous le savez certainement, il est devenu assez courant de parler de *«spiritualité laïque»*. Cela s'explique par le fait que de plus en plus de personnes désireuses de mener une quête spirituelle ne veulent pas le faire à travers l'une des religions existantes, généralement parce que celles-ci ne répondent pas à leurs questions existentielles et leur semblent trop dogmatiques, tant sur le plan moral que doctrinal. Il en résulte pour ces personnes un besoin de se démarquer de la religiosité en optant pour une spiritualité dite laïque. Parmi elles, beaucoup se livrent à la méditation, laïque elle aussi, c'est-à-dire dépourvue de sa dimension la plus spirituelle. Ce faisant, elles se privent des bienfaits que cette pratique pourrait leur apporter sur les quatre plans de leur être.

En fait, la méditation n'est pas une pratique religieuse. Vous remarquerez d'ailleurs que ce mot est quasiment absent du vocabulaire employé dans les religions (à l'exception du bouddhisme, qui s'apparente davantage à une philosophie). Elles lui préfèrent la prière. Pourquoi ? Parce qu'elles considèrent qu'il est présomptueux de méditer pour mieux comprendre le sens profond de l'existence, et que prier est le meilleur moyen, pour ne pas dire le seul à leurs yeux, d'obtenir le Salut. C'est précisément à ce niveau que se situe la différence fondamentale entre la croyance et la connaissance. La première fait appel à une attitude plutôt passive ; la seconde à une attitude plutôt active.

Puisque je viens de me référer à la prière, on constate également qu'elle est moins universelle que la méditation, en ce sens qu'elle consiste pour le commun des fidèles à prier le Dieu de la religion qu'ils suivent : le Père pour les chrétiens, Yahvé pour les juifs, Allah pour les musulmans... Par ailleurs, les textes utilisés dans ce but sont empreints du credo correspondant et véhiculent par conséquent des croyances différentes, parfois même contraires. Tel n'est pas le cas lorsque l'on médite, car il s'agit alors, non pas de s'adresser au Dieu qui est extérieur à nous, mais de communier avec le Divin en nous, au moyen de nos propres pensées.

L'âme humaine

En quoi consiste donc la dimension spirituelle (et non religieuse) de la méditation ? Pour répondre à cette question, il faut revenir sur la composition de l'être humain. Dès lors que l'on est spiritualiste, on admet l'existence en soi d'une âme. D'un point de vue rosicrucien, celle-ci est une émanation de l'Âme universelle, laquelle est pure et parfaite en essence. Cela veut dire que tout individu possède en lui une dimension que l'on peut qualifier de *«divine»*, en ce sens qu'elle fait de nous des êtres virtuellement purs et parfaits. Or, la méditation, dans son application la plus élevée, a précisément pour but de communier avec cette pureté et cette perfection latentes en nous.

Certes, lorsque l'on observe le comportement de l'être humain, on peut douter qu'il soit pur et parfait en essence, d'autant qu'il est capable du pire. Mais lorsqu'il exprime le meilleur de lui-même, il peut être bienveillant et exprimer des sentiments aussi nobles que l'amour, l'amitié, la fraternité, la compassion, etc. En fait, ce que l'on nomme couramment *«qualités»*, telles la bienveillance, l'humilité, l'intégrité, la générosité, la non-violence, etc., font partie intégrante de l'âme humaine, dans son expression la plus divine. J'ajouterai que si nous vivons sur Terre, c'est avant tout dans le but d'éveiller ces vertus et de les manifester dans notre existence. Quiconque y parvient peut être véritablement considéré comme un sage et n'est plus dans l'obligation de se réincarner.

La remarque qui précède nécessite peut-être une explication. Si vous admettez que le but de notre vie sur Terre est d'atteindre l'état de sagesse, appelé *«état de Rose-Croix»* dans la Tradition rosicrucienne, vous comprendrez que ce but ne peut pas être atteint en une seule vie. Il est en effet impossible, en l'espace de quelques dizaines d'années, de devenir parfait dans ses jugements et dans son comportement, au point de faire preuve en toutes circonstances de bienveillance, d'humilité, etc. Plusieurs vies sont nécessaires pour y parvenir, d'où la notion de réincarnation évoquée précédemment. Cette doctrine, que l'on retrouve dans le bouddhisme, a toujours fait partie du rosicrucianisme. Cela étant, elle n'est pas un dogme pour les Rosicruciens, de sorte que chacun d'eux est libre d'y adhérer ou non.

On ne peut dissocier la réincarnation du karma. Cette autre loi spirituelle, que l'on appelle également *«loi de cause à effet»* ou *«loi de compensation»*, est fondée sur le fait que nos pensées, nos paroles et nos actions s'inscrivent dans la Mémoire universelle (attribut de l'Âme universelle) et deviennent des causes qui produisent tôt ou tard des effets de même nature dans notre vie. Ainsi donc, notre karma peut être positif ou négatif. Dans le premier cas, il se traduit par des bienfaits divers ; dans le second, il donne lieu à des épreuves physiques, morales ou autres. Sachant cela, nous devons nous efforcer de bien semer, afin de bien récolter.

Mais revenons-en à la méditation. Telle que les Rosicruciens la pratiquent, elle a pour but de communier avec notre Maître intérieur, c'est-à-dire notre âme, dans ce qu'elle a de plus divin. Ce peut être pour obtenir la solution à un problème qui nous préoccupe, être éclairé sur un sujet mystique, ou vivre momentanément l'état de sérénité résultant d'une telle communion spirituelle. Pour méditer efficacement, il faut donc avoir une idée précise de la raison pour laquelle on le fait. Par ailleurs, on doit procéder avec méthode, c'est-à-dire selon une technique déterminée. Sinon, ce que l'on considère comme une méditation n'est en réalité qu'un exercice physico-mental se traduisant au mieux par un sentiment de relaxation. Certes, cela n'est pas négligeable en soi, mais il est dommage de ne pas aller plus loin dans l'introspection.

La Conscience divine

Dans l'absolu, la méditation permet d'avoir accès à la Conscience divine, celle dont Jésus et autres messies, prophètes et penseurs ont dit qu'elle se trouve au plus profond de nous-mêmes. En langage ésotérique, on appelle

«Illumination» l'état qui résulte d'une telle communion spirituelle. Cet état correspond en fait à une fusion entre l'âme de l'individu qui en fait l'expérience, et l'Âme universelle. Lorsqu'elle est totale et définitive, cette fusion fait de celui ou de celle qui la réalise un Initié, un Maître. En fait, c'est ce but ultime que s'évertue à atteindre quiconque mène une quête de sagesse, étant entendu, comme je l'ai indiqué précédemment, qu'il faut plusieurs vies pour y parvenir.

Qu'est-ce que la *«Conscience divine»* ? Littéralement, il s'agit de la Conscience de Dieu, au sens, non pas religieux, mais spirituel de l'expression. En effet, Dieu n'est pas un Être anthropomorphique, mais une Intelligence absolue, laquelle œuvre dans toute la Création au moyen de lois impersonnelles. Or, chacun est en mesure de constater que ces lois sont l'expression d'une Conscience que l'on peut qualifier de *«divine»*, dans la mesure où elles sont parfaites. Pour s'en convaincre, il suffit de penser à la manière dont elles opèrent dans l'univers et la nature, notamment à travers les règnes minéral, végétal et animal. Certes, nous avons parfois le sentiment qu'elles sont destructrices, comme c'est le cas lorsque se produit un cataclysme ou autre catastrophe naturelle. Mais au-delà des apparences, elles sont fondamentalement constructives et opèrent toujours dans le but de (ré)instaurer l'équilibre et l'harmonie.

La Conscience qui s'exprime dans la nature est telle que même un athée a tendance à la diviniser et à voir en elle un sanctuaire. Pour s'en convaincre, il suffit de penser à l'intelligence dont les animaux font preuve pour trouver leur nourriture, se faire un abri, élever et protéger leurs petits. Songez également à la manière dont les plantes et les fleurs se développent, s'épanouissent, se reproduisent... Assurément, la nature semble avoir tout prévu et ne laisse rien au hasard. Et puisque l'*«on juge un arbre à ses fruits»*, chacun devrait convenir qu'elle-même résulte d'une Cause dont la perfection est un défi à la raison humaine, ce qui nous ramène à la conception mystique de Dieu.

Le Maître intérieur

La notion de *«Maître intérieur»*, à laquelle je me suis référé précédemment en relation avec la méditation, est très importante pour comprendre l'essence de cette pratique spirituelle. Comme je l'ai rappelé, elle suppose de rechercher la sagesse en nous-mêmes et non à l'extérieur, car aucun coach, guide, gourou ou supposé maître ne peut faire de nous un sage. De même, c'est en méditant par soi-même, dans l'isolement de son âme, que l'on en vient à maîtriser ce qui fait d'elle un art. Dans ce domaine plus qu'en tout autre, c'est l'expérience personnelle qui permet à chacun de découvrir le sentier qui mène à son temple intérieur, lieu symbolique où toute question reçoit sa réponse.

Comment notre Maître intérieur se fait-il entendre à nous ? Au moyen de ce que nous appelons la *«voix de notre conscience»*. Que nous le lui demandions ou non, elle nous donne constamment son avis sur les choix de vie que nous faisons au quotidien. Sachant parfaitement ce qui est fondamentalement bien et fondamentalement mal dans le comportement humain, elle suscite en nous deux sentiments opposés : la *«bonne conscience»* et la *«mauvaise conscience»*. Jamais elle ne se trompe. Néanmoins, nous disposons du libre arbitre, de sorte que nous pouvons tenir compte ou non de ce qu'elle nous dit. Lorsque nous le faisons, nous sommes dans la vérité ; lorsque nous ne le faisons pas, nous sommes dans l'erreur. Son influence est telle qu'elle suffit à nous rendre heureux ou malheureux.

Dès lors que nous aspirons sincèrement à nous améliorer, la méditation est très utile pour nous éveiller à la voix de notre conscience et en faire le guide de notre vie. Au fur et à mesure que se produit cet éveil, il s'instaure une confiance mutuelle entre notre Moi objectif et notre Maître intérieur, au point qu'ils deviennent deux amis inséparables, si ce n'est que l'un a tout à apprendre de l'autre. Que l'on en ait conscience ou non, c'est à cette intime amitié que nous devons tendre, car c'est en elle que réside le bien-être que nous recherchons. En fait, c'est elle qui permet à tout être humain de vivre en harmonie avec lui-même.

Qu'ils soient spiritualistes ou non, la plupart des gens aspirent à être en harmonie avec eux-mêmes, car ils savent intuitivement que c'est la condition première pour être heureux. Mais souvent, ils ignorent comment faire pour créer cet état en eux. Beaucoup ont tendance à le rechercher à l'extérieur, dans des activités qui leur procurent du plaisir sur les plans physique, mental et émotionnel. Comme le prouve l'expérience, cela ne suffit pas. C'est pourquoi tant de personnes, pourtant comblées sur le plan matériel, sont insatisfaites et se sentent malheureuses intérieurement. Le plus souvent, c'est parce qu'elles manquent de spiritualité et ne donnent pas à leur âme la nourriture qui lui est nécessaire. Là encore, la méditation est la pratique idéale pour lui procurer cette nourriture, car elle induit un état de conscience qui répond à ses aspirations.

Quelle que soit la raison pour laquelle on médite, et quelle que soit la manière de le faire, cela nécessite de s'intérioriser, c'est-à-dire, comme je l'ai déjà dit, de se rendre symboliquement dans son temple intérieur. Vue sous cet angle, la méditation a un caractère sacré, car elle incite au recueillement et fait naître en nous le désir d'être aussi pur et vrai que possible. À un moment donné, nous avons le sentiment de baigner dans la partie la plus lumineuse de notre être, avec tout ce que cela implique en termes de sérénité et, comme le disent les Rosicruciens, de paix profonde. Lorsqu'il est pleinement vécu, cet état de plénitude est tel que nous nous sentons mieux que dans n'importe quelle église, synagogue, mosquée ou autre temple édifié par les hommes.

L'introspection

Si la méditation nécessite de s'intérioriser, elle incite également à l'introspection. En effet, on ne peut pénétrer au plus profond de soi sans se voir tel que l'on est vraiment, ne serait-ce que l'ombre d'un instant. Aussi fugitif soit-il, ce regard porté sur nous-mêmes est très utile, car il nous met face à notre conscience et nous oblige à faire le point sur notre conduite générale. Lorsqu'on le fait en toute sincérité et dans le but de se parfaire, il en résulte toujours un certain bien-être, souvent accompagné d'une impulsion nouvelle à corriger ce qui doit l'être dans notre comportement.

Nous vivons dans un monde où tout va de plus en plus vite et où nous prenons de moins en moins le temps de nous introspecter, soit parce que nous n'y pensons pas, soit parce que nous nous le refusons. Ce faisant, nous nous éloignons de nous-mêmes et de notre Maître intérieur. C'est ce qui explique en grande partie la perte des valeurs éthiques pourtant indispensables à la vie en société, ainsi que le mal-être ressenti par de très nombreuses personnes. Or, la méditation est la pratique idéale pour nous réconcilier avec nous-mêmes et nous recentrer sur ce qu'il y a de meilleur en nous, dans l'intérêt de tous et de chacun.

Grâce à la science et à la technologie, l'humanité a fait des progrès considérables sur le plan matériel et a beaucoup étendu son champ d'action. Désormais, nous sommes capables d'explorer l'espace, et le jour viendra où des êtres humains se rendront au-delà de notre système solaire, à des distances infiniment éloignées de notre planète. Mais paradoxalement, nous ne prenons pas suffisamment le temps de nous intérioriser et de nous rendre dans les profondeurs de notre être. En cela, nous avons fait de l'extériorisation un mode de vie, au détriment de l'intériorisation. Un rééquilibrage entre les deux est nécessaire si nous voulons connaître le bonheur auquel nous aspirons.

Alors que nous vivons dans un monde de plus en plus bruyant, nous ne savons plus apprécier les moments de silence qui s'offrent à nous. Nombre de personnes, notamment parmi les jeunes, les fuient systématiquement, les uns en jouant de leur téléphone portable, les autres en se figeant devant internet, les autres encore en se branchant sur leur MP3. Ce refus du silence traduit en fait une incapacité à s'intérioriser et une propension à se fuir, peut-être par crainte de devoir se parler et s'écouter. Là encore, la méditation est un très bon moyen pour s'initier à soi-même et découvrir les bienfaits de l'introspection.

Le bien-être matériel

Bien que la méditation soit une pratique fondamentalement spirituelle, elle peut être utilisée pour résoudre des questions pratiques. Contrairement à ce que laissent entendre la plupart des religions, il n'y a pas de séparation entre les mondes matériel et spirituel, car ils sont complémentaires et font partie intégrante du Monde divin. Dans le même ordre d'idée, vouloir réussir matériellement n'est pas incompatible avec le fait de mener une quête intérieure. C'est ainsi que les Rosicruciens considèrent que la clé du bonheur réside dans un équilibre aussi parfait que possible entre le bien-être du corps et celui de l'âme. En cela, ils souscrivent pleinement à l'adage *«avoir la tête dans le ciel et les pieds sur terre»*. En vertu de ce principe, ils utilisent couramment la méditation pour trouver la solution aux problèmes qui se posent à eux dans la vie quotidienne.

De toute évidence, la méditation, lorsqu'elle porte sur des problèmes matériels, ne doit pas se substituer à l'action. Son rôle est plutôt de nous éclairer de l'intérieur sur ce qu'il faut faire pour les résoudre au mieux. Certes, leur résolution réside parfois dans la non-action, mais dans ce cas, celle-ci est alors fondée sur un choix mûrement réfléchi et sur la conviction intérieure qu'il est mieux de ne pas agir ou réagir. Méditer ne consiste donc pas à se replier sur soi-même pour mieux fuir les difficultés, mais à rechercher en soi-même la force et l'inspiration voulues pour les affronter et les surmonter.

Certains mystiques pensent que l'ascétisme favorise la spiritualité. Convaincus de cela, ils ont tendance à se couper des autres chaque fois qu'ils le peuvent, et à s'adonner autant que possible à des activités spirituelles, parmi lesquelles la méditation. C'est là une erreur. Si nous sommes incarnés en ce monde, c'est pour vivre et évoluer au contact d'autrui. Seul et isolé de tous, il est facile de nourrir le sentiment d'être quelqu'un de très bien sur le plan humain. Mais ce faisant, on se ment à soi-même et on s'illusionne. Pour mener à bien notre évolution spirituelle, nous avons besoin de miroirs extérieurs à nous : ceux et celles que nous côtoyons chaque jour.

Pourquoi la méditation peut-elle contribuer à résoudre des problèmes liés à la vie quotidienne ? Parce qu'elle permet de soumettre ces problèmes à notre Maître intérieur, lequel, en raison de son omniscience, sait ce qu'il faut faire ou ne pas faire pour les régler. Il doit vous sembler évident que la raison et le raisonnement sont limités dans leur compréhension des choses, ce qui explique les erreurs que nous commettons dans nos jugements et dans nos choix. Lorsque l'on a conscience de cela et que l'on admet l'existence en nous d'une dimension divine, on comprend intuitivement que c'est en faisant appel à cette dimension que l'on a les meilleures chances de trouver la solution à tel ou tel problème qui nous préoccupe, d'où l'intérêt de recourir à la méditation pour le résoudre.

Qu'en est-il des sujets mystiques sur lesquels nous pouvons et même devons méditer ? D'une manière générale, ils concernent les questions que toute personne en quête de connaissance se pose sur le pourquoi et le comment des choses : la création de l'univers, l'origine de l'homme, le but de la vie, le mystère de la mort, etc. À ces questions générales viennent s'ajouter des interrogations plus ésotériques : l'usage des symboles, la science des nombres, le rôle des archétypes, la loi des correspondances, etc. Naturellement, il existe des livres traitant de ces sujets, mais une approche intellectuelle n'est pas suffisante pour les comprendre en profondeur. Parallèlement, il faut méditer régulièrement sur eux et s'ouvrir à l'inspiration.

Pour un matérialiste ou un athée, il est difficile de concevoir que la connaissance peut venir de l'intérieur. Pourtant, si l'on remonte aux origines de l'humanité, c'est en puisant au plus profond de lui-même que l'être humain a acquis progressivement ce que nous appelons aujourd'hui le *«savoir»*. Certes, il a utilisé pour cela la raison, et donc l'intelligence cérébrale, mais également l'intuition. À titre d'exemple, Démocrite, au Ve siècle avant l'ère chrétienne, postula que la matière est formée d'atomes, terme qu'il inventa et qui signifie *«insécable»*. Il est d'ailleurs considéré de nos jours comme le père de l'atomisme. Or, ainsi qu'il le déclara lui-même, cette idée lui est venue alors qu'il méditait sur l'origine et la nature du monde matériel.

Ce qui est vrai pour les sujets scientifiques l'est davantage encore pour les questions spirituelles ou philosophiques. Ainsi, de Pythagore à Krishnamurti, en passant par Marc Aurèle et Ibn Arabi, nombreux sont les mystiques qui ont reconnu avoir appris infiniment plus de choses à travers leurs méditations que leurs lectures. C'est en combinant ces deux sources de connaissances qu'ils ont rédigé leurs œuvres et offert à l'humanité des livres, des préceptes et des aphorismes plus inspirants les uns que les autres. Platon lui-même considérait que le meilleur maître de l'être humain n'est autre que l'âme qui l'anime, car elle sait tout ce qu'il doit connaître pour s'épanouir ici-bas et être heureux.

L'aspiration au bonheur

À moins de souffrir d'une pathologie mentale, tout individu aspire à être heureux. Or, cette aspiration au bonheur n'est ni génétique, ni culturelle ; elle est animique. Autrement dit, elle prend sa source dans notre âme, et ce, indépendamment de notre race, de notre nationalité, de notre rang social, de notre religion si nous en suivons une, de nos idées politiques, etc. De même, si nous vivons sur

Terre, ce n'est pas pour être malheureux, souffrir et expier je ne sais quel "péché originel", mais pour nous épanouir sur les plans matériel et spirituel, avec tout ce qui en résulte en termes de bien-être et de joies diverses. Grâce à la méditation, nous pouvons recevoir l'inspiration d'agir en conséquence et donner à notre vie une orientation aussi conforme que possible à nos espérances.

Pour ceux qui douteraient que l'on peut résoudre des questions matérielles au moyen de la méditation, rappelons une expérience que nombre d'entre eux ont pourtant faite un jour : s'endormir en ayant à la pensée un problème familial, professionnel ou autre à résoudre, et se réveiller le lendemain ou au milieu de la nuit avec le sentiment très net et très intense de savoir ce qu'il faut faire pour le solutionner. Cette expérience est tellement courante qu'elle a donné naissance à un adage connu de tous : *«La nuit porte conseil.»* S'il en est ainsi, c'est parce que lorsque nous dormons, le transfert entre les plans mental et spirituel se fait naturellement, de sorte que nous méditons sans même le savoir.

La nuit ne se limite pas à *«porter conseil»*. Elle est également la période durant laquelle nous rêvons. D'un point de vue rosicrucien, il existe trois grandes catégories de rêves : les rêves physiques, les rêves psychologiques et les rêves mystiques. Ceux de la première catégorie sont conditionnés par l'environnement et notre état physique ; ceux de la deuxième sont influencés par le vécu de la journée ; ceux de la troisième correspondent aux rêves que nous faisons sous l'impulsion de l'âme. Pour des raisons évidentes, méditer avant de nous endormir ne peut que favoriser ce genre de rêves et nous donner accès au monde spirituel, même si nous n'en avons pas conscience sur le moment.

Un exemple connu illustre bien le lien existant entre la méditation et l'activité onirique : alors qu'il méditait souvent sur la nature humaine, René Descartes fit trois rêves successifs qui l'amenèrent à formuler le fameux *«Je pense donc je suis»*, en ce sens que l'être humain n'existe à ses propres yeux que parce qu'il a conscience de lui-même. Contrairement à l'opinion courante, il était spiritualiste, et cette formule n'est en aucun cas celle d'un rationaliste ayant l'esprit "cartésien". Quoi qu'il en soit, cet exemple parmi d'autres montre que la méditation est un processus qui, non seulement se poursuit de lui-même durant le sommeil, mais également donne lieu à des rêves que l'on peut qualifier à juste titre d'inspirés.

Tout comme il est utile de noter nos rêves lorsqu'ils nous reviennent à la mémoire, il est intéressant de mettre par écrit les impressions que nous recevons lors de nos méditations, de manière à pouvoir nous y reporter et en faire le support d'un travail de réflexion. Comme le prouve l'expérience, il arrive fréquemment que des pensées, des idées, des notions, des concepts ou des symboles, reviennent d'une méditation à l'autre. Ce sont là autant d'indices qui nous éclairent sur notre personnalité profonde et sur l'orientation que nous devons donner à notre vie pour qu'elle soit aussi utile et agréable que possible. Il faut donc leur prêter toute notre attention.

Si la méditation répond à un besoin, il n'est pas nécessaire de s'y livrer chaque jour pendant des heures pour obtenir de bons résultats. À titre d'exemple, il est recommandé aux membres de l'A.M.O.R.C. de méditer cinq à dix minutes le matin, avant de commencer la journée, et à nouveau cinq à dix minutes le soir, avant de se coucher. Naturellement, rien ne s'oppose à ce qu'ils le fassent à un autre moment. Ce qui importe dans ce domaine, ce n'est pas vraiment la durée d'une méditation, mais son contenu. À titre d'analogie, les bienfaits que l'on retire d'un repas ne sont pas liés à la quantité de nourriture absorbée, mais à la qualité des aliments que l'on mange. Par ailleurs, les effets obtenus en méditant sont d'autant plus bénéfiques que l'on est disponible au moment de le faire.

Indépendamment de sa durée réelle, une période de méditation fait perdre la notion du temps. S'il en est ainsi, c'est parce que cette notion est liée au monde matériel et concerne uniquement l'état de veille. C'est pourquoi il peut arriver de méditer quelques minutes en ayant le sentiment de l'avoir fait beaucoup plus longtemps. Inversement, une méditation d'une demi-heure laisse parfois le sentiment de n'avoir duré que quelques minutes. Ce fait est important à noter, car il prouve que le temps n'est pas une réalité matérielle, mais un état de conscience purement objectif. Dès lors que l'on médite profondément, on se situe sur le plan spirituel, lequel est intemporel par essence.

La méditation rosicrucienne

Le contenu de la méditation pose le sujet de la méthode employée. Sans entrer dans les détails, je dirai simplement que celle que les Rosicruciens utilisent le plus couramment est fondée sur deux phases successives : durant la première, on réfléchit intensément sur le sujet concerné ; durant la seconde, on se met en état de réceptivité. La méditation rosicrucienne ne consiste donc pas à faire le vide dans son esprit ou à ne penser à rien, en supposant que cela soit possible. Elle correspond plutôt à un processus dynamique au cours duquel on opère un transfert entre les plans mental et spirituel. Lorsqu'elle est effectuée dans le but de trouver la solution à un problème particulier ou d'être éclairé sur un sujet mystique, c'est généralement durant la phase de réceptivité que cette solution ou cet éclairage jaillit à la conscience. Mais il arrive parfois que l'on ne reçoive aucune impression sur le moment, et que plus tard, alors que l'on n'y pense plus, une idée claire et précise nous vienne sous forme d'intuition.

À propos de l'intuition, il me semble utile de préciser qu'elle correspond à la voix de l'âme. C'est pourquoi elle est toujours dans la vérité. Lorsqu'elle s'exprime en nous, ou plutôt à travers nous, c'est toujours d'une manière soudaine, concise et marquante. Elle n'est jamais le fruit du raisonnement, ce qui prouve qu'elle ne prend pas sa source dans le cerveau, mais dans les niveaux supérieurs de notre conscience. Malheureusement, sous l'influence de la raison raisonnante, nous avons tendance à douter d'elle, et même à ne pas en tenir compte. Pour vous en convaincre, demandez-vous combien de fois vous vous êtes dit : *«J'aurais dû suivre mon intuition»*. Mais chaque fois, il était trop tard...

Quelle position faut-il adopter lorsque l'on médite ? D'un point de vue rosicrucien, l'idéal est de prendre celle qui nous convient le mieux, c'est-à-dire celle dans laquelle on se sent le plus à l'aise sur le plan physique. Il est évident que si notre corps est une source de gêne, on éprouve des difficultés à s'élever mentalement, émotionnellement et spirituellement. On ne doit donc pas nécessairement s'asseoir en position du lotus pour effectuer une méditation, d'autant que cette position exige un long apprentissage avant de devenir "naturelle", en particulier pour un occidental. La plupart des Rosicruciens procèdent en étant assis, le dos aussi droit que possible pour que les énergies circulent bien dans le corps. On peut même le faire en étant allongé, avec néanmoins le risque de s'endormir, ce qui n'est pas grave si l'on dispose du temps voulu.

Tout comme il n'est pas nécessaire de s'asseoir dans la position du lotus pour méditer, nous ne devons pas nous sentir obligés de faire brûler de l'encens. Si nous apprécions le parfum qui en émane, et s'il crée en nous un sentiment d'élévation intérieure, alors il ne faut pas hésiter à en utiliser, en privilégiant ce qu'il y a de plus naturel en la matière. À l'usage, chacun pourra constater que certains encens lui conviennent mieux que d'autres pour la méditation. Il n'existe aucune explication rationnelle à cela. Mais savons-nous pourquoi nous préférons le parfum de telle fleur à celui de telle autre ? Ce qui importe, c'est l'effet agréable produit sur notre conscience.

Parmi les éléments qui favorisent la méditation, il en est un que les Rosicruciens utilisent assez souvent, à savoir l'intonation d'un son mystique. Parmi les douze sons traditionnels dont ils font régulièrement usage, c'est généralement le son OM qu'ils emploient lorsqu'ils méditent. Comme cela est expliqué en détail dans l'enseignement de l'A.M.O.R.C., ce son est l'un des plus efficaces pour harmoniser les quatre plans de notre être (physique, mental, émotionnel et spirituel). En l'entonnant quelques minutes avant de nous concentrer sur le sujet de notre méditation, nous créons en nous les conditions idéales pour communier avec notre Maître intérieur et en recevoir l'inspiration.

De même, une musique bien choisie permet de méditer plus facilement dans certaines circonstances, notamment lorsque le lieu où nous nous trouvons est exposé à des bruits divers, ou lorsque nous nous sentons stressés. Dans le premier cas, elle occulte les sons “parasites” ; dans le second, elle favorise la relaxation et la concentration. Cela étant, il ne faut pas que l’écoute de la musique en vienne à se substituer à la méditation elle-même. Lorsqu’on le peut, c’est à l’extérieur, dans un coin de nature, qu’il faut aller méditer. Rien ne réjouit autant l’âme que le silence, lorsque celui-ci laisse entendre le chant des oiseaux, le souffle du vent, le murmure de l’eau…

Nous pouvons nous demander également si tel régime alimentaire plutôt que tel autre favorise la méditation. Il est évident que l’on a plus de difficulté à méditer après un repas trop copieux. Mise à part cette évidence, ce que nous mangeons n'a pas vraiment d'incidence sur les pratiques liées à l'âme elle-même. Pour être plus précis, le fait d'être végétarien n'aide pas à mieux méditer et ne rend pas plus spiritualiste. Si nous optons pour ce choix, ce doit être avant tout par respect pour les animaux et parce que cela convient mieux à notre santé. De même, il n'est pas nécessaire de jeûner avant de se livrer à une méditation ; c'est même parfois une gêne. Ce qu'il faut, c'est se sentir bien avant de le faire.

Est-il besoin de préciser qu'il n'existe aucune substance naturelle ou artificielle dont l'absorption favorise la méditation ? Comme on le sait, il y en a qui stimulent certaines zones du cerveau et produisent des états de conscience subliminaux, non sans porter atteinte à l'organisme. Cela étant, ces états tiennent plutôt du délire et ne sont en rien comparables à ceux que l'on atteint en méditant. Par ailleurs, les impressions qui en résultent sont incontrôlables et s'apparentent souvent à des illusions, voire à des hallucinations. Ils n'ont donc aucun intérêt sur le plan spirituel et ne contribuent pas à notre évolution intérieure.

Un autre point me semble important : individuellement, on peut pratiquer la méditation n'importe où, étant entendu qu'il est préférable de le faire dans un lieu calme. Cela étant, si vous le pouvez, je vous recommande, chez vous, d'utiliser toujours le même endroit pour méditer. Ce peut être un coin de votre chambre ou de toute autre pièce qui s'y prête. Même si vous n'en avez pas conscience objectivement, cet endroit finira, sous l'effet de vos propres pensées, par se charger d'énergies qui faciliteront vos périodes de méditation. Sachant cela, nombre de Rosicruciens disposent à leur domicile d'un oratoire qu'il consacre à leurs études mystiques, comme le faisaient jadis les alchimistes, et d'une manière générale ceux qui avaient choisi de mener une quête de connaissance et de sagesse.

Étant donné que la méditation est un processus qui opère depuis le plan physique vers le plan spirituel, en passant par les plans mental et émotionnel, elle produit des effets sur chacun de ces quatre plans. Voici les principaux :

Effets physiques

Sur le plan physique, la méditation permet de se relaxer et d'évacuer le stress lié à la vie quotidienne. Par ailleurs, elle a pour effet de rééquilibrer les sécrétions de nos glandes endocrines et de stimuler les défenses immunitaires de notre organisme. Elle a donc un effet positif sur le corps et, par conséquent, sur la santé. C'est ce qui explique pourquoi elle fait partie des thérapies mises en œuvre dans certains hôpitaux et certaines cliniques. Ainsi, il est avéré que les malades qui méditent régulièrement guérissent plus rapidement.

En relation avec ce qui précède, il faut savoir que des enquêtes sérieuses ont montré que toutes maladies confondues, les croyants, quelle que soit leur conception de Dieu et de l'âme, guérissent plus rapidement que les athées. Bien que la science soit encore incapable d'expliquer pourquoi, l'évidence s'impose d'elle-même : la foi conduit le patient à puiser en lui des forces curatives qui facilitent sa guérison. Naturellement, cela ne veut pas dire qu'il faut se priver de la médecine, mais il est certain que la spiritualité aide à se guérir, et même à se prévenir de certaines maladies.

Effets mentaux

Une pratique régulière de la méditation permet de se "vider l'esprit" et de se libérer momentanément des pensées discordantes, voire sclérosantes. Elle contribue également à stimuler les fonctions cérébrales et à régénérer les processus mentaux. De ce fait, il est très utile de méditer quelques minutes avant ou après une activité intellectuelle intense. Dans le premier cas, cela permet de s'y préparer efficacement ; dans le second, de récupérer des efforts fournis.

Mais la méditation ne se limite pas à nous régénérer sur le plan mental. Elle permet également de positiver notre état d'esprit et notre manière de voir les choses. L'expérience prouve d'ailleurs que les personnes qui méditent régulièrement sont plutôt positives dans leur façon de vivre. Comme on le dit familièrement, elles sont généralement plus fortes mentalement et plus optimistes que celles qui ne le font pas. Si tel est le cas, c'est parce qu'elles libèrent ainsi des énergies qui proviennent de ce que certains psychologues désignent sous le nom de *«supra-mental»*.

Effets émotionnels

Comme vous l'avez certainement remarqué, il est souvent plus facile de contrôler nos pensées que nos émotions. S'il en est ainsi, c'est parce que les premières sont plutôt conscientes et volontaires, alors que les secondes sont plutôt inconscientes et involontaires. Or, la méditation ouvre momentanément le "portail" donnant accès à l'inconscient, lequel exerce une grande influence sur notre vie intérieure. De ce fait, elle permet, grâce à l'autosuggestion, d'exercer un certain contrôle sur notre état émotionnel.

Étant donné que les plans mental et émotionnel sont intimement liés, toute méditation effectuée dans le but de positiver nos pensées contribue également à positiver nos émotions. Par là même, elle permet d'éveiller en nous un sentiment aussi agréable qu'utile : la confiance en soi. Il ne peut en être autrement, car le fait de méditer régulièrement nous conduit à prendre davantage conscience de nos dons, de nos talents et de nos aptitudes, car nous en avons tous. Pour des raisons évidentes, cela nous rend plus confiants en nous-mêmes, et donc plus heureux.

Effets spirituels

La méditation permet de conscientiser notre âme, c'est-à-dire de prendre conscience de son existence et de communier avec elle. Par extension, elle permet de s'harmoniser avec le monde spirituel et d'en recevoir l'inspiration. C'est ainsi que les personnes que l'on dit être inspirées sont précisément celles qui méditent régulièrement et qui, ce faisant, s'éveillent à une forme supérieure d'intellection. D'une manière générale, lorsque l'on considère la vie et l'œuvre des plus grands penseurs qui ont jalonné l'histoire de l'humanité, on constate qu'ils faisaient de la méditation une pratique quotidienne. C'est en elle qu'ils puisaient l'énergie physique, l'acuité mentale, l'élan émotionnel et l'élévation spirituelle nécessaires à leurs entreprises.

Dans des livres consacrés à la méditation, on dit qu'elle mène à la *«contemplation»*. Lorsqu'elle est effectuée dans le but de communier avec l'Âme universelle et que l'on y parvient, on a effectivement le sentiment de contempler la Création et de ne faire qu'un avec elle. Ce sentiment d'unité se retrouve dans tous les textes décrivant cet état intérieur. Dans une certaine mesure, il s'apparente à celui que l'on vit au moment de la mort, lorsque notre âme, après avoir quitté le corps, se fond dans le Cosmique jusqu'à sa prochaine incarnation. Pour s'en faire une idée, le mieux est de penser à ce que nous ressentons lorsque nous contemplons un ciel étoilé. À un moment donné, nous oublions qui nous sommes et où nous sommes, au bénéfice d'une impression de fusion totale avec l'immensité céleste, pour ne pas dire divine.

Dans sa phase la plus ultime, la contemplation conduit le méditant à faire l'expérience de l'Amour universel. Là aussi, tous les mystiques qui l'ont connue en ont fait le même récit : ils ont eu le sentiment, non seulement de ne faire qu'un avec toute la Création, mais également d'aimer tous les êtres qui la peuplent. Cela s'explique par le fait que leur âme était alors en totale harmonie avec l'Âme universelle, laquelle imprègne tout ce qui existe dans l'univers et sur la Terre elle-même. L'ayant vécue, voici ce que Plotin, père du néo-platonisme, déclara : *«J'avais le sentiment d'être la terre et le ciel ; la pierre, la fleur, l'arbre et l'oiseau. J'aimais toute vie en ce monde...»*

Outre la contemplation à laquelle la méditation peut mener, elle ouvre également les portes symboliques de la révélation. Comme je l'ai déjà indiqué, méditer revient à communier avec notre Maître intérieur et, par son intermédiaire, avec la Conscience divine, telle qu'elle s'exprime en nous. Or, celle-ci contient virtuellement toute la connaissance qu'il est humainement possible d'acquérir. Par la méditation, cette connaissance peut donc nous être révélée sous des formes diverses, ce qui fit dire à certains Initiés que ce n'est pas dans les livres qu'il faut la rechercher mais, à l'instar de la sagesse, au plus profond de soi.

Parmi les effets indirects de la méditation, il faut mentionner celui qu'elle produit sur l'aura, ce rayonnement électromagnétique qui entoure le corps de tout être humain. Pour être plus précis, elle renforce la couleur qui y prédomine à un moment donné. S'il en est ainsi, c'est parce qu'elle stimule les énergies qui la composent. En revanche, et contrairement à ce que certains prétendent, elle ne permet pas d'"ouvrir les chakras", ou plutôt, comme le disent les Rosicruciens, d'éveiller nos centres psychiques. Certes, il est possible et même souhaitable de procéder à cet éveil, mais cela nécessite une tout autre méthode sur laquelle je ne peux m'étendre ici.

Il me semble utile également de préciser que la méditation ne permet en aucun cas de “voyager dans l’astral”, comme on peut le lire ou l’entendre ici et là. Il est vrai que l’être humain a la faculté de se dédoubler et de se rendre en conscience dans des lieux très éloignés de celui où il se trouve physiquement. On parle alors d’*«ubiquité»*. Mais là encore, cette faculté, connue des membres de l’A.M.O.R.C. sous le nom de *«projection psychique»*, est fondée sur une technique très différente de celle qu’ils utilisent pour méditer. En outre, elle est beaucoup plus difficile à maîtriser, ce qui explique pourquoi très peu nombreux sont ceux qui parviennent à se projeter psychiquement.

En revanche, il est possible, lors d’une méditation particulièrement profonde, d’avoir accès à l'une de nos incarnations passées. Une telle possibilité est due au fait que notre âme a la mémoire de nos vies antérieures, ou plus exactement des événements majeurs qui les ont jalonnées. Tandis que l'on médite profondément, il peut donc arriver que l'on perçoive intérieurement certains de ces événements et que l'on se voit tel que l'on était alors. De telles réminiscences sont appréciables, car elles nous éclairent sur notre passé lointain et même sur notre présent. Par ailleurs, elles nous apportent la preuve que l'être humain est immortel en essence. Cela étant, la méditation n'a pas pour but majeur d'accéder à nos réincarnations, d'autant qu'il ne faut rien forcer dans ce domaine.

Étant donné que la méditation permet d'accéder au monde spirituel et que ce monde contient virtuellement le passé, le présent et le futur, il est possible, tandis que nous méditons, d'avoir des visions concernant notre avenir. Dans ce cas, il faut savoir prendre du recul par rapport à ces visions, car elles ne sont pas nécessairement prémonitoires. Autrement dit, on ne doit pas penser qu'elles vont obligatoirement devenir une réalité. Si elles sont positives, nous pouvons alors visualiser régulièrement qu'elles se réalisent et agir en conséquence. Si elles sont négatives, le plus sage est de les oublier et de ne pas les nourrir mentalement. Dans les deux cas, il est préférable de n'en parler à personne, afin d'éviter toute incompréhension.

À ce stade de notre réflexion sur la méditation, vous êtes en mesure de constater que si ses effets physiques, mentaux et émotionnels sont loin d'être négligeables, ce sont ses effets spirituels qui font d'elle une véritable source de bien-être. Il doit donc vous sembler évident que la pratiquer sans lui donner toute sa dimension nous prive de l'essentiel. À titre d'analogie, il faut avoir atteint le sommet d'une montagne pour pouvoir admirer pleinement le paysage qui s'offre à nous et bénéficier sur tous les plans de sa beauté. La vue qui s'offre à notre regard nous montre alors combien il aurait été dommage de nous arrêter en cours d'ascension.

Mais si la méditation nous est très utile à titre personnel, elle peut être également pratiquée au bénéfice d'autrui. Elle permet en effet de diriger des formes-pensées positives vers une ou plusieurs personnes, ou même vers toute l'humanité. Ainsi employée, elle sert de support à une pratique que les Rosicruciens désignent sous le nom d'*«entraide spirituelle»* et à laquelle ils s'adonnent régulièrement, seuls ou avec d'autres. À titre d'exemple, je vous propose de procéder à la *«Méditation pour la paix»* qui suit. Après en avoir mémorisé les différentes étapes, vous pourrez l'effectuer lorsque vous vous sentirez disponible. Si vous le souhaitez, n'hésitez pas à mettre une musique en fond sonore et à faire brûler un peu d'encens.

Méditation pour la paix

– Asseyez-vous confortablement, le dos aussi droit que possible, les mains placées sur les genoux et les pieds posés à plat sur le sol, légèrement écartés l'un de l'autre.

– Alors que vous êtes assis dans cette position, fermez les yeux et détendez-vous quelques instants en effectuant des respirations profondes.

– Puis visualisez la Terre, comme si vous la regardiez depuis un point situé dans l'espace. Voyez-la tourner lentement sur elle-même et laisser apparaître un à un ses continents, ses mers et ses océans.

– Tandis que vous contemplez ainsi notre planète, voyez apparaître au-dessus d'elle le mot PAIX, écrit en lettres de lumière.

– Tout en visualisant le mot PAIX au-dessus de la Terre, imaginez que la lumière qui émane de ce mot éclaire intégralement notre planète et apaise tous les êtres qui la peuplent.

– Ensuite, voyez des hommes, des femmes et des enfants de toutes races, de toutes ethnies et de toutes nationalités se sourire, se saluer, s'entraider ; en un mot : fraterniser.

– Après avoir procédé à cette visualisation durant trois minutes environ, mettez fin à votre méditation et reprenez vos activités.

Au-delà de sa simplicité, soyez assuré que cette *«méditation pour la paix»* est très efficace pour agir en faveur de l'humanité et diriger vers elle des formes-pensées positives. Comme vous l'aurez remarqué, elle est fondée en grande partie sur l'usage de la visualisation et de la création mentale. Si vous souhaitez la placer sous l'égide de la Rose-Croix et bénéficier ainsi de l'égrégore de l'A.M.O.R.C., c'est-à-dire du champ d'énergies qui lui est propre sur le plan spirituel, vous pouvez, juste avant de la commencer, entonner plusieurs fois le son OM et visualiser quelques instants une Rose-Croix.

Si besoin est, je rappelle que la Rose-Croix n'a aucune connotation religieuse. La croix représente le corps physique de tout être humain, à l'image de la position que nous avons lorsque nous nous tenons debout, les jambes serrées l'une contre l'autre et les bras tendus à l'horizontale. Quant à la rose, placée au centre, elle représente l'âme humaine en voie d'évolution. En cela, la Rose-Croix est un symbole traditionnel et universel que tout spiritualiste pourrait faire sien. C'est ce qui explique notamment pourquoi l'A.M.O.R.C. compte parmi ses membres des Chrétiens, des Juifs, des

Musulmans, des Bouddhistes, etc., mais également des personnes qui ne suivent aucune religion particulière.

Dans le rosicrucianisme, et comme je l'ai déjà précisé, on parle également de l'état de Rose-Croix pour désigner celui ou celle qui a atteint l'état de sagesse. Dans le bouddhisme, on se réfère à l'état de Bodhisattva. Quant au mot *«Rosicrucien»*, il désigne tout membre de l'A.M.O.R.C., en tant qu'étudiant de l'enseignement rosicrucien. Comme vous l'aurez compris, il y a donc beaucoup plus de Rosicruciens que de Rose-Croix en ce monde. Et si Rose-Croix il y a, ils ne se présenteront jamais comme tels à quiconque, ne serait-ce que par souci d'humilité. Par ailleurs, il serait illusoire de vouloir les rencontrer si eux-mêmes ne l'ont pas souhaité, d'où cet adage que vous connaissez certainement : *«Le Maître n'apparaît que lorsque le disciple est prêt.»*

La *«méditation pour la paix»* qui vous a été proposée aux pages précédentes n'est qu'un exemple parmi d'autres de l'usage que l'on peut faire de la méditation dans le cadre de l'entraide spirituelle. Il vous appartient donc de réfléchir, pour ne pas dire de méditer, aux diverses possibilités qu'elle offre pour aider spirituellement ceux qui souffrent physiquement ou moralement, qui sont confrontés à des difficultés matérielles ou qui, pour quelque raison que ce soit, ont besoin d'assistance. Ensuite, vous devrez faire pour eux un travail de visualisation positive, étant entendu que ce travail spirituel sera d'autant plus efficace que vous l'effectuerez régulièrement à leur intention.

Que nous l'utilisions à des fins personnelles ou pour venir en aide à autrui, la méditation est d'autant plus efficace qu'elle s'inscrit dans une démarche spirituelle. S'il en est ainsi, c'est parce qu'elle permet alors d'être le canal d'énergies qui transcendent le monde matériel et dont nous bénéficions sur tous les plans de notre être. En fait, et pour les raisons que j'ai expliquées, cette pratique est pour moi indissociable de la spiritualité et constitue l'un des fondements du mysticisme, au sens rosicrucien de ce terme.

EN CONCLUSION

Tout au long de cet opuscule, je me suis référé à la méditation comme étant une pratique. En fait, elle est plutôt une faculté spirituelle, au même titre que la réflexion est une faculté mentale. Aussi, plus une personne est ouverte à la spiritualité, plus son aptitude à méditer est grande. En application d'un cercle vertueux, plus elle médite comme il se doit, plus elle s'ouvre à la spiritualité. Il y a donc une relation directe entre le niveau d'évolution d'un individu et le degré d'élévation qu'il est capable d'atteindre au moyen de la méditation. C'est pourquoi un matérialiste ne médite jamais ; en réalité, il se limite à réfléchir.

Pour les raisons que j'ai expliquées, la méditation est indissociable de la spiritualité. On devrait donc s'y adonner dans le but de mieux se connaître soi-même et de mieux comprendre le sens profond de l'existence, et pas uniquement pour en retirer un certain bien-être physique et psychologique. En fait, elle répond à un besoin inné en nous, car l'être humain, en raison de l'âme qui l'anime, est enclin à mener une quête spirituelle. Malheureusement, nous vivons dans une société devenue trop matérialiste, de sorte que ce besoin n'est pas satisfait comme il le devrait. Quant aux personnes qui méditent, trop peu le font en parfaite connaissance de cause.

Si la méditation n'est l'apanage d'aucun mouvement, groupe, cercle ou communauté, il existe néanmoins des méthodes plus efficaces que d'autres pour bénéficier pleinement de cette pratique, ou plutôt de cette faculté spirituelle. Quant à savoir s'il est mieux de méditer seul ou avec d'autres, c'est là un choix personnel, d'autant que l'un n'empêche pas l'autre. Il appartient donc à chacun de suivre la voie qui lui semble la meilleure. C'est ainsi que nombre de Rosicruciens méditent régulièrement chez eux, à titre individuel, et le font de temps à autre en Loge, avec d'autres membres de l'Ordre.

Dans quelques rares pays, la méditation est utilisée à l'école primaire pour aider les enfants à se relaxer, à se concentrer, ou à se recentrer sur eux-mêmes, selon les besoins du moment. Les résultats obtenus sont très positifs et prouvent que cette pratique ne devrait pas se limiter à l'usage qui en est fait dans le cadre d'une quête religieuse, spirituelle ou mystique. Malheureusement, on a tendance à la confiner à cet usage et à considérer qu'elle n'a pas sa place en milieu scolaire, notamment dans les pays où la laïcité a été érigée en dogme. C'est dommage, car on prive ainsi les élèves d'une discipline qui pourrait leur être bénéfique et même, pour certains, salutaire. Aussi, j'espère que le jour viendra où méditer sera un besoin vital que tout être humain, indépendamment de ses croyances et de ses convictions, prendra plaisir à satisfaire, à titre individuel ou en compagnie d'autres personnes.

Certes, je suis conscient que les explications données dans cet opuscule pourraient être développées davantage, mais mon but n'était pas de faire une analyse exhaustive de la méditation. Il était plutôt de dire ce qu'elle est et n'est pas, à la lumière de mon expérience personnelle et de la philosophie rosicrucienne. Quoi qu'il en soit, j'espère qu'elles vous auront donné envie de méditer régulièrement, car cela ne pourra que vous être bénéfique sur tous les plans et vous rendre heureux.

Livres de l'auteur
chez le même éditeur :

L'ontologie des Rose-Croix
L'idéal éthique des Rose-Croix
Questions philosophiques
L'utopie rosicrucienne
Pensées à méditer
Dialogue imaginaire avec Dieu
Qu'est-ce que la mort ?
L'éducation / Sauvegarde de l'humanité
La vie a-t-elle un sens ?
À propos du bonheur
Les Rose-Croix aujourd'hui

www.blog-rose-croix.fr
www.rose-croix.org
www.drc.fr

Édition : ©Diffusion Rosicrucienne - 27110 Le Tremblay - France
Impression : Imprimerie DRC - 27110 Le Tremblay - France
Couverture : Photo A.M.O.R.C.
Tous droits réservés pour tous pays, y compris des illustrations
ISBN 978-2-914226-65-3 - Dépôt légal : septembre 2013
Première édition : septembre 2013
Quatrième édition : janvier 2019